Philipp Niemeyer

Philipp Niemeyer

Erfolgreich eingewöhnt
Ein Leitfaden für Eltern nach dem Berliner Modell

Impressum

Bibliografische Information der Deutschen Nationalbibliothek: Die Deutsche Nationalbibliothek verzeichnet diese Publikation in der Deutschen Nationalbibliografie; detaillierte bibliografische Daten sind im Internet über http://dnb.dnb.de abrufbar.

© 2023 Philipp Niemeyer
Lektorat: Kristin Brückner
Fotos: Pixabay GmbH

Herstellung und Verlag: BoD - Books on Demand,

Norderstedt

ISBN: 9783743116900

Fachliche Begleitung

Philipp Niemeyer verbrachte seine Kindheit in einem idyllischen Dorf der lippischen Toskana. Er erarbeitete sich eine staatliche Anerkennung im pädagogischen Bereich. Nach dem Studium in Wirtschaft, Verwaltung sowie Psychologie in Berlin arbeitet er in unterschiedlichsten Einrichtungen der frühkindlichen Pädagogik sowie als Fachberatung für Kindertagesstätten in Lippe und Paderborn. Nachdem er zunächst in seiner Freizeit Kinderbücher verfasste, widmete er sich später zu Fachbüchern und kleinen Romanen. Philipp Niemeyer schrieb zudem Theaterstücke für Kinder und eine Sammlung von Kurzgeschichten mit befreundeten Autoren. Er ist Vater eines Sohnes und lebt mit seinem Ehemann und mehreren Tieren in Deutschland.

Inhaltsverzeichnis

Einführung in das Berliner Eingewöhnungsmodell - Was es ist und warum es wichtig ist 1

Lauras Eltern berichten über Ihre Erfahrung: 3

Die ersten Schritte - Wie Eltern und Kinder sich auf die Eingewöhnung vorbereiten können 5

Bens Großeltern berichten über die Eingewöhnung: 7

Die ersten Tage in der Kita - Wie die Eingewöhnung organisiert wird und was Eltern erwarten können 9

Eine Fachkraft aus dem Team berichtet 11

Längere Abwesenheiten und Überbrückungszeiten - Wie Eltern und Kinder damit umgehen können 13

Marc (4 Jahre) erzählt von der Eingewöhnung: 16

Umgang mit Schwierigkeiten und Rückschlägen 18

Tipps von anderen Eltern: 21

Was sagen bekannte Persönlichkeiten über unser Berliner Eingewöhnungsmodell? 23

Wie Eltern das Berliner Eingewöhnungsmodell nutzen können, um ihrem Kind einen erfolgreichen Start in die Kita zu ermöglichen 25

Einführung in das Berliner Eingewöhnungsmodell - Was es ist und warum es wichtig ist

Liebe Eltern,

ich möchte Ihnen heute das Berliner Eingewöhnungsmodell vorstellen, das wir hier und in anderen Einrichtungen anwenden.

Das Berliner Eingewöhnungsmodell ist ein Konzept, das darauf abzielt, den Übergang Ihres Kindes von zu Hause in die Kindertagesstätte so sanft wie möglich zu gestalten. Es basiert auf dem Prinzip, dass Kinder und Eltern in der Eingewöhnungszeit Schritt für Schritt an die Tagesstätte gewöhnt werden, anstatt dass das Kind morgens einfach abzugeben und am Nachmittag wieder abzuholen. Wir werden zusammen mit Ihnen den Eingewöhnungsprozess planen, indem wir die Zeit, die Ihr Kind in der Einrichtung verbringt, schrittweise erhöhen. Während dieser Zeit werden wir eng mit Ihnen zusammenarbeiten, um Ihr Kind bestmöglich auf die neue Umgebung vorzubereiten und es während des Übergangs zu unterstützen. Eines der wichtigsten Ziele des Berliner Eingewöhnungsmodells ist es, das Selbstbewusstsein und die Selbstständigkeit Ihres Kindes zu stärken, indem man ihm ermöglicht, sich in seinem eigenen Tempo an die neue Umgebung zu gewöhnen und sich auch dort geborgen zu fühlen.

Es ist uns auch wichtig, dass die Beziehung zwischen Ihnen und Ihrem Kind während des Eingewöhnungsprozesses gestärkt wird. Daher werden wir Sie jederzeit in den Prozess einbeziehen und uns mit Ihnen abstimmen, um sicherzustellen, dass alles nach Ihren Wünschen und Anforderungen verläuft.

Bitte bedenken Sie, dass jedes Kind und jede Familie anders ist und wir den Eingewöhnungsprozess entsprechend an die Bedürfnisse Ihres Kindes und der Familie anpassen werden. Wir sind hier, um Ihnen und Ihrem Kind zu helfen, zu unterstützen und stehen Ihnen jederzeit zur Verfügung, falls Sie Fragen haben.

Lauras Eltern berichten über Ihre Erfahrung:

Als wir uns entschieden haben, unsere Tochter in die Kita zu geben, waren wir ziemlich nervös. Wir hatten gehört, dass die Eingewöhnungszeit für Kinder und Eltern schwierig sein kann und waren uns unsicher, ob wir das Richtige tun.

Doch als wir die Einrichtung besuchten und von der Erzieherin über das Berliner Eingewöhnungsmodell informiert wurden, fühlten wir uns gleich besser. Das Modell sieht vor, dass die Eltern und das Kind in kleinen Schritten an die Trennung gewöhnt werden und dass die Eltern in den ersten Tagen immer dabei sind.

Wir begannen mit einer Eingewöhnung von nur 15 Minuten am ersten Tag und steigerten die Zeit langsam. Wir waren erstaunt, wie gut unser Kind die Trennung verkraftete und wie schnell sie sich in der Einrichtung zurechtfand. Die Erzieherinnen waren sehr fürsorglich und unterstützend und wir fühlten uns sicher, dass unsere Tochter in guten Händen war.

Besonders beeindruckt waren wir davon, wie gut die Erzieherinnen mit uns als Eltern zusammenarbeiteten. Sie nahmen sich Zeit, uns zu beraten und uns zu helfen, uns auf die Trennung vorzubereiten. Sie teilten uns mit, wie unser Kind sich entwickelte und was es den Tag über gemacht hatte. Insgesamt haben wir die Eingewöhnungszeit als sehr positiv empfunden und sind sehr dankbar dafür, dass wir das Berliner Eingewöhnungsmodell gewählt haben. Unsere Tochter hat sich gut an die Kita gewöhnt und wir sind sicher, dass sie hier eine gute Zeit verbringen wird.

Unser Fazit: Wir würden jedem Elternpaar das Berliner Eingewöhnungsmodell empfehlen, da es uns geholfen hat, uns und unsere Tochter auf die Trennung vorzubereiten und uns sicher zu fühlen, dass sie in guten Händen ist.

Die ersten Schritte – Wie Eltern und Kinder sich auf die Eingewöhnung vorbereiten können

Bevor Ihr Kind in die Kindertagesstätte eingewöhnt wird, gibt es einige Schritte, die sowohl Sie als Eltern als auch Ihr Kind unternehmen können, um den Übergang so reibungslos wie möglich zu gestalten.

Für Eltern:
- Informieren Sie sich über das Berliner Eingewöhnungsmodell und wie es in unserer Einrichtung angewendet wird.
- Sprechen Sie mit mir, der Erzieherin Ihres Kindes und besprechen Sie, wie der Eingewöhnungsprozess aussehen wird und welche Erwartungen wir haben.
- Bereiten Sie Ihr Kind auf die neue Umgebung vor, indem Sie mit ihm über die Kindertagesstätte sprechen und es mit Bildern oder Besuchen vertraut machen.
- Sprechen Sie mit Ihrem Kind darüber, dass es in der Kindertagesstätte spielen, lernen und Freunde finden wird und dass Sie es immer liebhaben und es abholen werden.
- Wenn möglich, besuchen Sie die Kindertagesstätte mit Ihrem Kind, bevor es zum ersten Mal eingewöhnt wird.
- Sprechen Sie über Ihre Erwartungen und Bedenken mit Ihrem Partner oder anderen

Familienmitgliedern, damit Sie sich unterstützt fühlen.

Für Kinder:
- Sprechen Sie mit Ihrem Kind über die Kindertagesstätte und zeigen Sie ihm Bilder von der Einrichtung und den Erzieherinnen.
- Ermutigen Sie Ihr Kind, seine Gefühle über die Kindertagesstätte auszudrücken und achten Sie auf seine Reaktionen.
- Lassen Sie Ihr Kind an der Vorbereitung auf den Kindergarten teilhaben, zum Beispiel durch das gemeinsame Auswählen einer Brotdose oder das Kaufen von Puschen.
- Ermutigen Sie Ihr Kind, neue Aktivitäten und Spiele auszuprobieren, um seine Selbstständigkeit und Selbstbewusstsein zu stärken.

Bedenken Sie, dass Sie als Eltern immer positiv über den Kindergarten sprechen und vermeiden, Sätze wie "Leider musst du in den Kindergarten, da ich doch wieder arbeiten werde" zu verwenden. So wird Ihr Kind die Kindertagesstätte als positiven Ort sehen und sich schneller darauf freuen, hinzugehen.

Bens Großeltern berichten über die Eingewöhnung:

Als wir erfahren haben, dass unsere Tochter und ihr Mann aus beruflichen Gründen nicht in der Lage sein würden, ihren Ben in die Kita einzugewöhnen, haben wir uns bereit erklärt, diese Aufgabe zu übernehmen. Wir waren uns zwar unsicher, ob wir das Richtige tun, aber wir wollten unser Enkelkind unterstützen und ihm die Eingewöhnungszeit so einfach wie möglich machen.

Doch beim ersten Versuch der Trennung nach 4 Tagen, war die Trennung für uns und Ben sehr schwierig. Unser Enkelkind hat stark geweint und wollte nicht bleiben. Wir waren uns unsicher, ob wir das Richtige taten und ob wir es schaffen würden, unserem Enkelkind die Trennung zu erleichtern.

Doch nach einem Gespräch mit dem Erzieher der Gruppe, erfuhren wir, dass wir als Großeltern durch unsere positive Haltung einiges beeinflussen können. Sie erklärte uns, dass das Enkelkind unsere Reaktionen und Gefühle spürt und dass es wichtig ist, ihm Sicherheit und Vertrauen zu vermitteln.

Mit diesem Wissen im Hinterkopf, entschieden wir uns, es noch einmal zu versuchen und es hat tatsächlich geklappt. Beim zweiten Trennungsversuch hat unser Enkelkind sich schneller an die Umgebung gewöhnt und hatte weniger Probleme mit der Trennung.

Insgesamt haben wir die Erfahrung gemacht, dass die Eingewöhnungszeit unserem Ben gut tat und wir als Großeltern einspringen können, da wir Ben schon immer als Bezugsperson im Alltag dienten. Wir haben gelernt, dass wir durch unsere positive Haltung und Unterstützung einen großen Einfluss auf das Wohlbefinden unseres Enkelkindes haben und dass es sich lohnt, die Eingewöhnungszeit ernst zu nehmen und sich auf die Unterstützung des Erziehers zu verlassen.

Die ersten Tage in der Kita – Wie die Eingewöhnung organisiert wird und was Eltern erwarten können

In den ersten Tagen werden Sie als Eltern dazu aufgefordert, Ihr Kind in der Einrichtung zu begleiten. Dies ermöglicht es Ihrem Kind, sich an die neue Umgebung und die Fachkraft zu gewöhnen. Sie als Eltern sind dabei die wichtigste Bezugsperson für Ihr Kind und tragen dazu bei, dass sich Ihr Kind sicher und geborgen fühlt.

Wichtig ist auch die Auswahl der Begleitperson. Diese Person sollte am besten jemand sein, mit dem das Kind vertraut ist und mit dem es eine enge Beziehung hat. Dies kann ein Elternteil, Großeltern, Tante, Onkel oder eine engagierte Person aus dem Familien- oder engen Freundeskreis sein.

Ebenso sollte die Begleitperson positiv auf die Eingewöhnung eingestellt sein und Ihr Kind unterstützen.

Während der ersten Tage, wird die Begleitperson zusammen mit Ihrem Kind im Gruppenraum sein. Die Begleitperson agiert nur passiv im Gruppenraum. Dieses bedeutet, dass sie nicht aktiv an den Aktivitäten im Gruppenraum teilnimmt, sondern lediglich da ist, um Ihr Kind zu beruhigen und zu trösten, falls es unruhig oder traurig ist. Ebenso begleitet die Person Ihr Kind zur Toilette oder wickelt dieses bei Bedarf. Diese sensiblen Tätigkeiten, werden am Anfang immer von der Begleitperson durchgeführt. Dies sowie die vorherigen Punkte ermöglichen es Ihrem Kind, sich an die Erzieherinnen und die anderen Kinder zu gewöhnen und selbstständiger zu werden.

Sollten Sie Lust zum Lesen haben, können Sie sich für die Eingewöhnung gerne ein Buch oder eine Zeitschrift mitbringen.

Übrigens:

Wir Fachkräfte sind ebenfalls abwartend, um Ihrem Kind die Chance zu geben, selbständig zu entscheiden, welche Fachkraft in der Gruppe die Eingewöhnung übernehmen soll.

Eine Fachkraft aus dem Team berichtet

Als ich begann, mich um den Eingewöhnungsprozess von Timmy zu kümmern, wusste ich, dass es eine Herausforderung werden würde. Timmys Eltern waren sehr besorgt und unsicher, ihn in der Kita zurückzulassen. Sie hatten Angst, dass er sich nicht wohl fühlen würde und dass er sie vermissen würde.

Ich versicherte ihnen, dass wir unser Bestes tun würden, um Timmy eine angenehme Eingewöhnungszeit zu ermöglichen und dass wir sie jederzeit über seinen Fortschritt informieren würden. Wir begannen mit kurzen Besuchen von Timmy in der Kita, begleitet von seinen Eltern und steigerten die Zeit langsam.

Während der Eingewöhnungszeit bemerkte ich, dass Timmys Eltern Schwierigkeiten hatten, loszulassen. Sie waren oft unsicher und besorgt, was Timmy wohl gerade in der Kita machte. Ich konnte ihnen jedoch versichern, dass Timmy sich wohl fühlte und dass er sich schnell an die neue Umgebung gewöhnte.

Mit der Zeit wurden die Besuche immer länger und die Eltern immer sicherer, dass Timmy in guten Händen war. Am Ende der Eingewöhnungszeit war Timmy vollständig in der Kita integriert und seine Eltern konnten beruhigt arbeiten gehen. Ich war erfreut zu sehen, dass Timmy sich in der Kita wohl fühlte und dass wir es geschafft hatten, seinen

Eltern die Angst vor der Trennung zu nehmen. Ich war mir sicher, dass Timmy eine tolle Zeit in der Kita haben würde und dass seine Eltern beruhigt sein konnten, dass er in guten Händen war.

Insgesamt war die Eingewöhnung von Timmy eine Erfahrung, die zeigte, dass die Eingewöhnungszeit nicht nur für das Kind, sondern auch für die Eltern eine Herausforderung sein kann. Ich war froh, dass wir als Fachkräfte eine so solide Ausbildung haben, die Eltern zu unterstützen und ihnen zu helfen, die Trennung zu verarbeiten, sicher zu sein und dadurch ihr Kind in guten Händen zu wissen.

Längere Abwesenheiten und Überbrückungszeiten – Wie Eltern und Kinder damit umgehen können

Längere Abwesenheiten und Überbrückungszeiten können für Eltern und Kinder eine große Herausforderung darstellen. In diesem Abschnitt möchten wir Ihnen als Fachkräfte Tipps und Tricks an die Hand geben, wie Sie als Eltern und Ihr Kind mit diesen Situationen umgehen können.

Ein Aspekt bei längeren Abwesenheiten von der Bezugsperson ist die Vorbereitung. Wenn Sie wissen, dass Sie in naher Zukunft längere Zeit nicht verfügbar sein werden, ist es wichtig, dass Sie Ihr Kind frühzeitig darauf vorbereiten. Beginnen Sie bereits einige Wochen vorher damit, die Zeiten der Abwesenheit langsam zu steigern.

Die beste Möglichkeit das Kind auf eine längere Abwesenheit vorzubereiten ist, dass Sie anfangs Ihr Kind nur eine kurze Zeit allein lassen und diese schrittweise erhöhen. Natürlich immer in Absprache mit uns Fachkräften. So kann sich Ihr Kind langsam und sicher an die Abwesenheit gewöhnen und es entsteht kein zu großer Schock bei längeren Abwesenheiten.

Ein weiterer wichtiger Aspekt bei längeren Abwesenheiten ist das Verabschieden. Es ist wichtig, dass Sie sich jedes Mal von Ihrem Kind verabschieden, anstatt einfach zu gehen. Eine klare und liebevolle Verabschiedung kann dazu beitragen, dass sich Ihr Kind sicherer und geborgener fühlt und weiß, dass Sie zurückkehren werden.

Es kann hilfreich sein, ein kleines Ritual zu haben, das Sie bei jeder Verabschiedung wiederholen, zum Beispiel eine Umarmung oder ein bestimmtes Lied singen. Dies kann dazu beitragen, dass sich Ihr Kind an die Abwesenheit gewöhnt und sich sicherer fühlt.

Als Fachkraft planen wir mit Ihnen die längere Abwesenheit individuell und unterstützen Sie dabei, längere Abwesenheiten und Überbrückungszeiten erfolgreich zu meistern. Bitte zögern Sie nicht, uns jederzeit bei Fragen oder Anliegen anzusprechen, wenn etwas unklar ist. Wenn wir als Erwachsene nicht sicher mit der Situation umgehen, wird Ihr Kind automatisch unsicher.

Unser letzter Punkt in diesem Abschnitt ist einer der wichtigsten Punkte.
Bei längeren Abwesenheiten ist die Einhaltung von vereinbarten Zeiten unabdingbar. Es ist wichtig, dass Sie sich an die mit uns vereinbarten Zeiten halten, damit wir Ihrem Kind die nötige Sicherheit in Bezug auf die Zeitangabe geben können.
Wenn Sie sich an die vereinbarten Zeiten halten, können wir besser abschätzen, ob es notwendig

ist, dass Sie frühzeitig geholt werden müssen oder ob es ausreicht, Ihr Kind noch etwas abzulenken, da Sie jeden Moment kommen werden. Dies gibt Ihrem Kind ein Gefühl von Sicherheit und Geborgenheit, da es weiß, dass es nicht länger allein bleiben muss als notwendig.

Des Weiteren ist es unerlässlich, dass Sie uns im Falle von Verspätungen oder Änderungen der Zeiten unverzüglich informieren, damit wir uns entsprechend darauf einstellen und Ihrem Kind die nötige Sicherheit geben können.

Marc (4 Jahre) erzählt von der Eingewöhnung:

Als ich in die Kita kam, war ich ein bisschen nervös. Ich hatte noch nie zuvor von meinen Eltern getrennt gespielt und ich wusste nicht, was mich erwartete. Aber meine Eltern und die Erzieherinnen sagten mir, dass es in Ordnung sei, ein bisschen nervös zu sein und dass wir es langsam angehen würden.

Anfangs gingen meine Eltern und ich nur für kurze Zeit in die Kita und ich durfte ein paar meiner Lieblingsspielsachen mitnehmen. Ich hatte viel Spaß mit den anderen Kindern und den Erzieherinnen und ich merkte, dass es gar nicht so schlimm war, wie ich gedacht hatte.

Jeden Tag blieb ich ein bisschen länger in der Kita und meine Eltern blieben immer kürzer. Ich bekam meine eigenen Spielsachen und ein eigenes Bett in der Schlafenszeit. Ich lernte auch meine neuen Freunde kennen und wir hatten viel Spaß zusammen.

Eines Tages sagten meine Eltern, dass ich den ganzen Tag in der Kita bleiben würde. Ich war ein bisschen traurig, weil ich meine Eltern vermissen würde, aber ich wusste, dass ich in guten Händen war und dass ich sie am Abend wiedersehen würde.

Insgesamt fand ich die Eingewöhnungszeit in die Kita nicht so schlimm wie ich dachte. Ich hatte viel Spaß mit den anderen Kindern und den

Erzieherinnen und ich lernte viele neue Dinge. Ich merkte, dass es in Ordnung ist, ein bisschen nervös zu sein, aber dass es auch in Ordnung ist, die Dinge langsam angehen zu lassen und sich an die Veränderungen zu gewöhnen.

Es ist wichtig zu beachten, dass dies ein vorgestelltes Beispiel ist und dass jedes Kind anders auf die Eingewöhnungszeit reagieren kann. Es ist wichtig, das Kind zu unterstützen und ihm zu helfen, sich wohl zu fühlen und sich an die neue Umgebung zu gewöhnen.

Umgang mit Schwierigkeiten und Rückschlägen

Als Fachkräfte beim Berliner Eingewöhnungsmodell haben wir viel Erfahrung im Umgang mit Schwierigkeiten und Rückschlägen während des Eingewöhnungsprozesses. Wir möchten Ihnen als Eltern versichern, dass es völlig normal ist, dass es Rückschläge gibt und dass es in einigen Fällen erforderlich sein kann, die Eingewöhnungszeit zu verlängern.

Verstehen Sie als Eltern bitte, dass jedes Kind seinen eigenen Eingewöhnungsprozess durchläuft und dass es kein "richtig" oder "falsch" gibt, wenn es darum geht, wie lange die Eingewöhnung dauert. Einige Kinder brauchen einfach mehr Zeit, um sich an die neue Umgebung und die Betreuungspersonen zu gewöhnen, und das ist in Ordnung.

Es ist ebenfalls zu betonen, dass Rückschläge kein Grund zur Entmutigung sind. Sie sind ein natürlicher Teil des Eingewöhnungsprozesses und zeigen lediglich an, dass das Kind noch nicht bereit ist, den nächsten Schritt zu machen. Durch konsequentes Handeln und unterstützende Maßnahmen können wir gemeinsam dafür sorgen, dass das Kind die Eingewöhnung erfolgreich abschließt.

Wir empfehlen, dass Eltern, wenn es zeitlich in unseren Tagesablauf passt, mit ihrem Kind vor der Eingewöhnung unsere Einrichtung zu besuchen, um ihrem Kind die Gelegenheit zu geben, die Kindertagesstätte und die Betreuungspersonen kennenzulernen. Auch das Mitnringen von vertrauten Gegenständen oder Fotos kann während der Eingewöhnung helfen, das Kind zu beruhigen und ihm das Gefühl von Sicherheit zu geben.

Es ist wichtig, dass Eltern und wir als Fachkräfte **konsequent** sind und ein gemeinsames Vorgehen verfolgen. Durch **konsequentes** Handeln und Unterstützung kann das Kind lernen, sich in der Kindertagesstätte wohlzufühlen und sich schneller an die neue Umgebung zu gewöhnen.
Rückschläge und Schwierigkeiten während der Eingewöhnung sind in erster Linie als Anzeichen der Individualität des Kindes zu betrachten sind und nicht als negativ. Jedes Kind ist einzigartig und hat seinen eigenen Weg und Tempo, wenn es darum geht, sich an die

Übrigens ist völlig normal, dass Kinder bei den ersten Trennungsversuchen weinen und sich unwohl fühlen. Dies ist ein natürlicher Teil des Eingewöhnungsprozesses.
Als Fachkraft möchten wir die Eltern jedoch beruhigen, dass wir genau beobachten, wie sich das Kind verhält und dass wir sofort handeln, wenn das Weinen zu lange oder zu stark ist. In solchen Fällen werden wir die Eltern umgehend benachrichtigen und wir sprechen, wie der weitere Verlauf geplant wird, um auf diese Situation einzugehen.

Sie als Eltern können dem Kind in einer solchen Situation zeigen, dass sie den Eingewöhnungsprozess unterstützen und dass es normal ist, wenn es anfangs schwerfällt, sich von den Eltern zu trennen. Wichtig ist, dass die Eltern in einer solchen Situation positiv handeln und das Kind nicht das Gefühl geben, dass es etwas falsch gemacht hat. Ebenso sollten Sie dem Kind zeigen, dass Sie Vertrauen in uns Fachkräften haben. Merkt das Kind, dass Sie selbst noch keine Trennung verkraften, wird es nur noch schwerer. Dieser Schritt, dass wissen wir, fällt Eltern schwer. Jedoch zeigt sich, dass Eltern die positiv mit diesem Trennungsversuch umgehen, die Eingewöhnung positiv beeinflussen.

Wir Fachkräfte sind arbeiten während des gesamten Eingewöhnungsprozesses eng mit Ihnen zusammen und Sie sollten wissen, dass Sie jederzeit Unterstützung und Rat von uns bekommen. Wir möchten sicherstellen, dass das Kind sich schnell und erfolgreich an die neue Umgebung und die Betreuungspersonen gewöhnt und dass die Eltern jederzeit über den Fortschritt ihres Kindes informiert sind.

Tipps von anderen Eltern:

Setzen Sie sich vorher mit der Einrichtung und dem Eingewöhnungsprozess auseinander: Informieren Sie sich über die Struktur der Eingewöhnung und die Erwartungen der Einrichtung.

Verabschieden Sie sich jedes Mal von Ihrem Kind, wenn Sie gehen: Vermeiden Sie es, Ihr Kind einfach zurückzulassen, ohne dass es weiß, dass Sie wiederkommen.

Bringen Sie vertraute Gegenstände mit: Ein Lieblingsstofftier oder eine Decke kann das Kind beruhigen und helfen, sich in der neuen Umgebung wohl zu fühlen.

Haben Sie ein Buch, eine Zeitung oder ein Sudoku dabei, falls die Zeit in der Kita mal länger dauert.

Seien Sie positiv und unterstützend: Ihr Kind wird Ihre Einstellung und Haltung spüren. Wenn Sie positiv und unterstützend sind, wird sich Ihr Kind schneller an die neue Umgebung gewöhnen.

Seien Sie flexibel: Eingewöhnungszeiten und -prozesse können unterschiedlich ablaufen, und manchmal kann es notwendig sein, den Plan zu ändern. Seien Sie bereit, flexibel zu sein und auf die Bedürfnisse Ihres Kindes einzugehen.

Was sagen bekannte Persönlichkeiten über unser Berliner Eingewöhnungsmodell?

1. "Die Eingewöhnung in eine Kinderbetreuungseinrichtung ist ein wichtiger Schritt für das Kind und seine Eltern. Es ist wichtig, dass die Kinder in einer Umgebung aufwachsen, in der sie sich sicher und geborgen fühlen können." - **Angela Merkel, ehemalige Bundeskanzlerin Deutschlands**

2. "Die Eingewöhnung in eine Kinderbetreuungseinrichtung ist ein wichtiger Schritt in der Entwicklung eines Kindes. Es ermöglicht den Kindern, soziale Fähigkeiten zu entwickeln und sich in einer Gruppe zu engagieren." - **Melinda Gates, Philanthropin**

3. "Eine gute Eingewöhnung in eine Kinderbetreuungseinrichtung kann dazu beitragen, dass Kinder eine positive Beziehung zu Bildung und Lernen aufbauen und sich auf ihre Zukunft vorbereiten." - **Barack Obama, ehemaliger Präsident der USA**

4. "Eine erfolgreiche Eingewöhnung in eine Kinderbetreuungseinrichtung kann dazu

beitragen, dass Kinder eine starke emotionale Bindung zu ihren Eltern und zur Familie aufbauen und sich sicher und geborgen fühlen." - **Oprah Winfrey, Talk Show Host und Unternehmerin**

5. "Eine gute Eingewöhnung in eine Kinderbetreuungseinrichtung kann dazu beitragen, dass Kinder sich sicher und geborgen fühlen und ihre sozialen und emotionalen Fähigkeiten entwickeln." - **Sir Michael Morpurgo, Autor**

Wie Eltern das Berliner Eingewöhnungsmodell nutzen können, um ihrem Kind einen erfolgreichen Start in die Kita zu ermöglichen

Als Fachkräfte der Kindertagesstätte, die das Berliner Eingewöhnungsmodell anwendet, haben wir viel Erfahrung im Umgang mit dem Übergang von Familie zu Kindertagesstätte. Nach Abschluss des Eingewöhnungsprozesses können wir immer wieder bestätigen, dass das Kind sich an die neue Umgebung und die Betreuungspersonen gewöhnt hat und die Eltern das Gefühl haben, dass ihr Kind in sicheren Händen ist, merklich vorhanden seien wird.

Das Berliner Eingewöhnungsmodell ist ein flexibles und **anpassungsfähiges** Modell, das sich an die Bedürfnisse jedes einzelnen Kindes und jeder Familie **anpasst**. Es gibt keine festen Regeln oder Zeitpläne, sondern vielmehr eine individuelle Anpassung an das Kind und seine Familie.
Wir als Fachkräfte können wir Eltern dabei unterstützen, ihrem Kind einen erfolgreichen Start in die Kindertagesstätte zu ermöglichen, indem wir mit Ihnen zusammen:

- Realistische Erwartungen setzen: Wir erklären den Eltern, dass die Eingewöhnung einige Wochen oder sogar Monate dauern kann und dass es normal ist, dass es Rückschläge gibt.

- Konsequent bleiben: Wir arbeiten eng mit den Eltern zusammen, um ein gemeinsames Vorgehen zu verfolgen, um das Kind dabei zu unterstützen, sich an die neue Umgebung zu gewöhnen.

- Positiv bleiben: Wir zeigen dem Kind und den Eltern, dass wir den Eingewöhnungsprozess unterstützen und dass es normal ist, wenn es anfangs schwerfällt, sich von den Eltern zu trennen.

- Kontakt halten: Wir halten regelmäßig Kontakt mit den Eltern, um sie über den Fortschritt des Kindes zu informieren und Ihnen Unterstützung anzubieten

Sorgenfrei in einen neuen Lebensabschnitt starten

"Es gibt keine perfekte Erziehung. Aber eine liebevolle Erziehung kann Wunder bewirken." - Fred Rogers (bekannt als Mister Rogers)

Ende